Scalpen macht Spaß!

Teil 4: Trading ist Flow-Business

Heikin Ashi Trader

Inhaltsverzeichnis

1. Traden Sie nur, wenn es Spaß macht

Ein erfolgreicher Trader geht nicht ins Kasino. Er ist das Kasino. Genauer gesagt: Ein erfolgreicher Trader spielt die Karten zu seinen eigenen Bedingungen. Er entscheidet selber, wie und wann er tradet und vor allem, wann er **nicht** tradet. Zu wissen, wann man aus dem Markt bleiben soll ist einer der entscheidenden Vorteile, die ein Trader gegenüber „dem Markt" haben kann. Es ist nur natürlich, dass ein beginnender Trader am Anfang sehr viel Zeit damit verbringt, eine passende Strategie zu finden. Viel weniger oder gar keine Zeit investiert er, herauszufinden, wann diese neue Strategie am besten funktioniert.

Ich möchte in diesem vierten Teil der Reihe „Scalpen macht Spaß" vor allem auf den richtigen Zeitpunkt zum Traden eingehen. Unsere Zeit ist kostbar. Wir sollten als Trader von daher alles daran tun, nur dann zur Börse zu gehen, wenn die Bedingungen für uns optimal sind. In den Stunden, in denen dies nicht der Fall ist, widmen wir uns besser anderen Dingen. Vor allem sollten wir das sogenannte Traden aus Langeweile versuchen zu verhindern. Dies ist ein Zustand, in dem der Trader genau spürt, dass in dieser Marktphase nichts zu holen ist. Dennoch sitzt er vor seinem Monitor und beobachtet mit einem schlafenden Auge die Kurse. Schlimmer. Von Zeit zu Zeit macht er einen Trade aus purer Langeweile, auch wenn nichts dabei herauskommt. Es ist die Vorstufe zum Sucht-Traden. So wie fast alles zu einer Sucht werden kann, so kann auch

Börsenhandel zu einer wahren Sucht ausarten.

Ich selbst habe in meinen Anfängerjahren durchaus solche Züge an mir erkannt. Ich war fasziniert von der Börse und von dieser Möglichkeit gleichsam aus dem Nichts Geld zu machen. Ich habe sogar nachts die asiatischen Märkte getradet obwohl ich schon einen 16-Stunden-Tag im europäischen Handel und im US-Handel in den Knochen hatte. Dass auf die Dauer dabei nichts Gutes herausgekommen ist, dürfte klar sein. Dieses Buch ist aber nicht für die Trader geschrieben, die hier gefährdet sind. Es soll vor allem Scalpern den Weg zeigen, wann die richtige „Action" in ihrem Markt stattfindet. Und es soll eine Ermutigung sein, zu diesen Zeiten dann auch das Maximum aus dem Markt zu holen.

Damit Sie Ihre Spielfreude zur richtigen Zeit ausleben können ist es von daher wichtig, dass Sie Freude haben am Börsenhandel zu den Zeiten, wo dies möglich ist. Die Suchtgefahr ist damit noch nicht vollständig gebannt, aber Sie haben sich zumindest ausgetobt. Vielleicht fällt es Ihnen dann doch leichter, den Computer zu schließen und sich anderen Dingen zu widmen.

Spaß zur richtigen Zeit ist für mich ein probates Mittel gegen die Gefahr des Overtradings und des Tradens aus Langeweile. Sie werden dann am meisten Erfolg haben, wenn Ihre Strategie gut mit den Markt-Konditionen harmoniert, sodass Sie die Wahrscheinlichkeiten in Ihrem Vorteil haben. Das kann zum Beispiel für einen Trendtrader etwas ganz anderes sein als für einen Scalper. Sicher hat dieses Wissen auch mit „Erfahrung" zu tun, aber gottseidank verläuft die Lernkurve bei einem Scalper auf Grund der vielen Trades schneller als bei allen anderen Trading-Strategien. Sie haben nun mal keine Zeit zu verlieren und sollten Ihre Erfahrung so schnell wie möglich machen, damit Sie die Profitabilitätsschwelle überschreiten.

Erfahrene Trader wissen, „when to sit on their hands," wie es die Amerikaner ausdrücken. Auf Ihren Händen zu sitzen bedeutet, dass Sie zuerst ein guter Beobachter des Börsengeschehens werden müssen. Sie müssen auf Basis vieler Stunden „Chartreading" herausfinden, wann der Augenblick gekommen ist, dass Sie mitmischen können und wann Sie sich besser zurückziehen. Beherrschen Sie eines Tages diese Fähigkeit, dann sind Sie definitiv im Masterspiel angekommen. Auch im Börsenhandel kommt es darauf an, dass Sie Ihre Zeit intelligent und effizient einsetzen. Den Pausen zwischen den einzelnen Trading-Sitzungen kommen dabei größere Bedeutung zu. Dies gilt sowohl für die Mittagspause am Handelstag selber als auch gelegentliche Pausen während des Jahres. Im nächsten Kapitel werde ich eine ganze Reihe von Ereignissen aufzählen, die Sie besser vermeiden. Es lohnt sich meistens nicht, zu diesen Zeiten zu traden.

Im Übrigen würde ich auch meine Urlaubsplanung danach richten. Ein befreundeter Trader erzählte mir, dass er im ganzen Monat August keine Gewinne erzielt hatte. Schlimmer: Er hatte Verluste. Er wollte traden obwohl er wusste, dass viele Banker, die im Währungshandel involviert sind, im August in Urlaub sind. Natürlich findet der Devisenhandel auch zu dieser Zeit statt, aber es hatte ihm nichts genutzt. „Ich wäre besser selber 4 Wochen in Urlaub gefahren", sagte er mir. Es wäre viel billiger gewesen.

2. Wann Sie nicht traden sollten

Im Voraus zu wissen, wann Sie nicht traden sollten erspart Ihnen schon eine Menge unnötige und oft auch unproduktive Stunden vor dem PC. Hier sind die wichtigsten Zeiten, in denen Sie das Traden besser lassen.

Bankfeiertage. Diese sind vor allem für Forex-Trader wichtig. Die Banken sind die größten Teilnehmer im Währungshandel. Wenn die Banker einen Feiertag haben, reduziert sich das Handelsvolumen stark. An diesen Tagen werden Sie oft lustlose Märkte oder Märkte mit plötzlichen erratischen Bewegungen erleben. Die vertrauten Muster Ihres Marktes werden Sie zu diesen Zeiten vergeblich suchen. Dies gilt insbesonders für Bankfeiertage in Großbritannien und in den USA, die ja die wichtigsten Zentren des Währungshandels sind. Aber natürlich gilt die Regel auch für Feiertage in den anderen wichtigen Währungsräumen. Ist der Feiertag in Australien, dann meiden Sie am besten den australischen Dollar. Ist er in Japan, dann eben den Yen, usw.

Freitagnachmittag. Viele Banker und Trader von Hedgefonds verabschieden sich am Freitagmittag ins Wochenende. Meistens schließen sie vor dem Wochenende auch ihre Positionen, was auch für die meisten privaten Trader weltweit gilt. Der Grund ist das sogenannte Wochenend-Gap. Das ist eine Kurslücke die zwischen dem Schlusskurs am Freitagabend und dem Eröffnungskurs am Sonntagabend im Währungshandel entsteht (in den Futures-Märkten meistens 08.00 Uhr morgens MEZ). Diese Lücke ist oft unbedeutend, aber in einigen Fällen kann sie groß sein, vor allem, wenn an dem Wochenende ein wichtiges Ereignis stattgefunden hat oder wichtige Nachrichten herausgekommen sind. Das können Wahlen sein, oder andere politische Entscheidungen (denken Sie an die Griechenland-Krise). Es können aber auch unvorhergesehene Ereignisse wie Erdbeben (Japan!) oder terroristische Attacken sein. Die Handelsaktivität am Freitagnachmittag verlangsamt demnach oft und die Märkte sind schwieriger zu traden. Ich selber trade am Freitagnachmittag selten bis nie.

Marktschluss und Markt-Eröffnung. Die Schlussminuten des jeweiligen Handelstages sind genauso zu vermeiden wie die Eröffnungsminuten. Dies gilt insbesondere bei regulierten Börsen wie Aktienmärkten und Futuresmärkten. Bedenken Sie, dass viele Daytrader am Ende des Tages ihre Positionen schließen. Die Liquidität lässt am Ende des Handelstages oft zu wünschen übrig. Das Orderbuch ist dünn und verursacht größere Spreads, Slippage und manchmal auch unerwartete Bewegungen.

Auch die ersten Minuten des **Montagmorgens** sollten Sie besser nicht traden. Die Trader, die ihre Positionen am Freitag geschlossen haben, eröffnen sie am Montagmorgen wieder. Auch das kann manchmal unerwartete Bewegungen verursachen.

Winter und Sommerferien. Wie bereits gesagt: Wenn die Banker im Urlaub sind, sollten Sie das besser auch tun. Das Volumen der Transaktionen der großen Handelshäuser nimmt spürbar ab in dieser Zeit.

Asiatische Märkte. Auch wenn ich die asiatischen Märkte selber mal gehandelt habe, empfehle ich, es nicht zu tun. Wenn Sie nicht gerade spezialisiert sind auf Japanische Aktien sollten Sie besser Ihre Nachtruhe wahren. Es gibt immer einige Enthusiasten, die den Hang Seng-Future traden wollen. Aber bieten die europäischen und amerikanischen Märkte nicht genug Chancen? Auch die Liquidität im Währungshandel ist mitnichten zu vergleichen mit der europäischen und amerikanischen Session.

Last but not least:

die Stunden **vor der Veröffentlichung wichtiger Wirtschaftsnachrichten**. Der Kalender verrät Ihnen, wann wichtige oder sogar sehr wichtige Wirtschaftsdaten veröffentlicht werden. Vor allem am Devisenmarkt warten die Teilnehmer auf diese Daten. Den Kalender, den ich dazu benutze, finden Sie auf www.forexfactory.com.

Bild 1: Kalender von Mittwoch, dem 14. Oktober 2015

10:30am	GBP		Average Earnings Index 3m/y
	GBP		Claimant Count Change
	GBP		Unemployment Rate
11:00am	CHF		ZEW Economic Expectations
	EUR		Industrial Production m/m
2:30pm	USD		Core Retail Sales m/m
	USD		PPI m/m
	USD		Retail Sales m/m

Als Beispiel sei hier der Kalender vom Mittwoch, den 14. Oktober 2015 angeführt. Bei Forexfactory sollten Sie auf die Farbe des kleinen Fabrik-Symbols neben der Beschreibung der Nachricht achten. Ist die Farbe gelb oder orange wird die Nachricht in der Regel kaum Einfluss auf das Kursgeschehen haben. Ist das Fabrik-Symbol aber rot gefärbt ist diese Nachricht wichtig. An diesem Tag gab es im Grunde zwei wichtige Ereignisse. Um 10.30 (MEZ) gab es den Average Earnings Index in Großbritannien. Die Veröffentlichung dieser Zahl hatte natürlich Bedeutung für die Trader, die das britische Pfund traden.

Um 14.30 Uhr wurden dann die Retail Sales aus den USA erwartet. Auch dies ist eine wichtige Wirtschaftszahl. Wir schauen mal auf den EUR/USD vor und nach der Veröffentlichung:

Bild 2: EUR/USD am 14. Oktober 2015, 2-Minuten-Chart Heikin Ashi

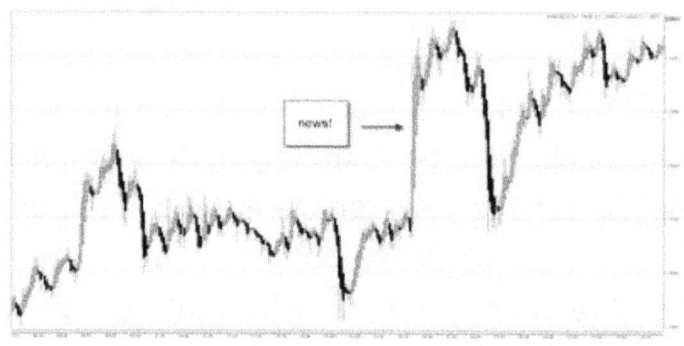

Im EUR/USD gab es am 14.Oktober im Grunde nur ein wichtiges Ereignis und das war eben die Veröffentlichung der Retail

Sales um 14.30 Uhr (MEZ). Davor gab es lediglich um 9.00 Uhr beim London Open einen kleinen Sprung im Euro. Aber ab 10.00 Uhr bis 14.30 Uhr lief das Paar hauptsächlich seitwärts in einem Range von weniger als 10 Pips. Es ist eindeutig, dass die Marktakteure auf die Daten von 14.30 Uhr warten. Ein solcher Range ist kaum zu scalpen, es sei denn Sie sind ein Spezialist in Range-Märkten. Im Grunde genommen konnte man das Traden bis 14.30 Uhr getrost sein lassen. Erst nach der Veröffentlichung der Retail Sales kam dann die Action im Markt.

Bild 3: EUR/USD am 22. Oktober 2015, 2-Minuten-Chart

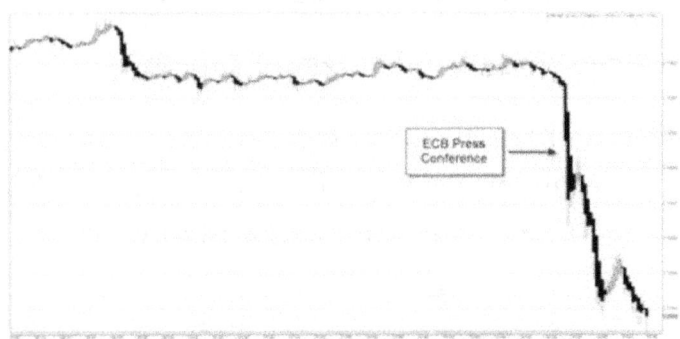

Auch Bild 3 lässt an Deutlichkeit nichts zu wünschen übrig. Am 22. Oktober wurde um 13.45 Uhr der Zinsentscheid der Europäischen Zentralbank EZB erwartet. Es ist eindeutig, dass die Marktteilnehmer im Vorfeld dieses Ereignisses einfach abgewartet haben. Es gab dann in den Stunden vor dem Zinsentscheid kaum Bewegung im EUR/USD. Interessant ist auch, dass sich der Markt bei der Bekanntgabe des Zinsentscheides um 13.45 Uhr kaum bewegte. Dies veränderte sich aber dramatisch um 14.30 Uhr als Mario Draghi vor den Kameras erschien und die Pressekonferenz der EZB begann. Die Action begann im Übrigen schon um 14.29 Uhr, als konnten es die Akteure kaum noch erwarten.

Welche sind die wichtigsten Zahlen?

- Zahlen aus den USA
- Danach Zahlen aus der EU, Deutschland und Großbritannien
- Zahlen aus Kanada, Australien, Japan, Neuseeland und der Schweiz nur für die jeweiligen Währungen

Welche Zahlen haben den größten Einfluss?

- **Monetäre Politik**. Alle wichtigen Mitteilungen oder Veröffentlichungen mitsamt Pressekonferenzen der wichtigsten Zentralen Banken
- **Arbeitsmarktdaten:** aktuelle Arbeitslosenquote in Deutschland sowie die NFP (Nonfarm Payrolls, erster Freitag im Monat um 14.30 MEZ) in den USA.
- **Frühindikatoren:** in Deutschland der Ifo-Geschäftsklimaindex In den USA: ISM Einkaufmanagerindex
- **Konsumentenvertrauen** (Consumer Confidence)
- **Bruttoinlandsprodukt (BIP):** wichtig für jeden großen Währungsraum
- **Consumer Price Index** (CPI: Thema: Inflation!)
- **Producer Price Index** (PPI)

Sie werden sich ein wenig mit dem Wirtschaftskalender beschäftigen müssen, wenn Sie traden wollen. Entscheidend ist, dass Sie begreifen, dass vor allem im Forex-

Markt die Erwartungen der Marktteilnehmer wichtig sind. Diese werden oft in den Tagen vor der Veröffentlichung schon eingepreist. Vor der Veröffentlichung selbst ist es meistens ruhig. Bei der Veröffentlichung der Zahlen wird diese Erwartung dann entweder bestätigt oder enttäuscht. Die Reaktion des Marktes lässt dann meistens nicht lange auf sich warten. Wie die Marktakteure auf eine Zahl, die nicht in der Erwartung liegt, reagieren werden, ist schwer vorherzusagen. Sie sollten gerade da als Scalper ohne vorgefasste Meinung sehr flexibel auf die Kauf-und Verkaufswellen reagieren. Traden Sie das, was Sie sehen! Studieren Sie also das Verhalten der Marktteilnehmer in den Stunden vor der Veröffentlichung und in den Stunden danach. Oft werden Sie sehen, dass die Volatilität vor der Veröffentlichung stark abnimmt. Nach der Veröffentlichung nimmt sie dann meistens stark zu.

3. Die besten Trading-Stunden

A. Für Forextrader

Im Gegensatz zu den meisten anderen Märkten läuft der Devisenhandel rund um die Uhr. Sie können also die ganze Woche vierundzwanzig Stunden traden, und zwar beginnend am Sonntagabend um 23.00 Uhr (MEZ) bis Freitagabend 23.00 Uhr (MEZ). Der Devisenmarkt ist in dem Sinne keine „Börse", sondern ein dezentraler Markt mit einigen wenigen Handelszentren. Die wichtigsten sind London, New York, Tokio und Sydney. Der „Handelstag" im Währungshandel besteht von daher aus mehreren Tradingsessions: Die europäische Session, die amerikanische Session und die asiatische Session.

Bild 4: Forex Sessions

Forex Market Center	Time Zone	Opens Europe/Berlin	Closes Europe/Berlin	Status
Frankfurt Germany	Europe/Berlin	08:00 AM 06-October-2015	04:00 PM 06-October-2015	Open
London Great Britain	Europe/London	09:00 AM 06-October-2015	05:00 PM 06-October-2015	Open
New York United States	America/New_York	02:00 PM 06-October-2015	10:00 PM 06-October-2015	Closed
Sydney Australia	Australia/Sydney	11:00 PM 06-October-2015	07:00 AM 07-October-2015	Closed
Tokyo Japan	Asia/Tokyo	01:00 AM 07-October-2015	09:00 AM 07-October-2015	Closed

Das Faszinierende am Forex ist also, dass der Handel innerhalb von 24 Stunden einmal um den ganzen Planeten geht. Sind die Trader aus Tokyo fertig mit ihrem Handelstag übernehmen die Trader aus London. Gegen 14.00 Uhr europäischer Zeit stoßen die amerikanischen Trader hinzu. Hier gibt es dann bis 17.00 Uhr eine wichtige Überschneidung zwischen diesen beiden Handelszentren, weswegen zu dieser Zeit oft die höchste Volatilität zu beobachten ist (siehe Bild 4). Nach 17.00 Uhr nimmt die Volatilität spürbar ab. Wenn dann die Trader in New York mit Ihrem Tageswerk fertig sind, fängt dann die Session in Sydney wieder an.

Bild 4: Durchschnittliche Volatilität EUR/USD pro Stunde

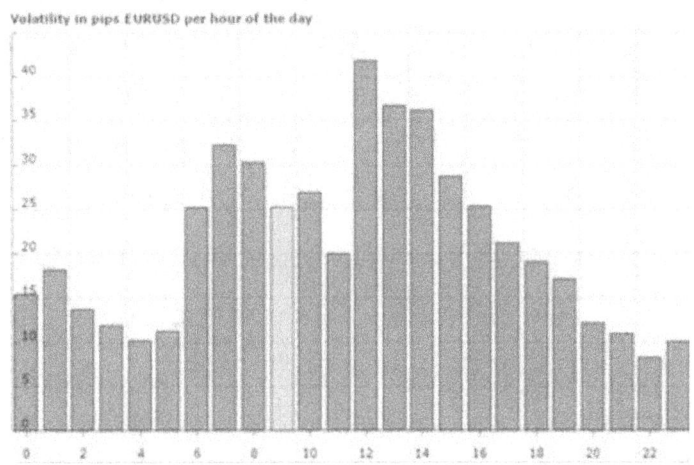

Volatility in pips EURUSD per hour of the day

Quelle: www.mataf.net

Bild 4 illustriert die Bedeutung der Sessions sehr gut. Deutlich zu sehen ist die geringe Volatilität während des asiatischen Handels (die äußerste linke und rechte Seite der Grafik). Zwar werden hier der australische Dollar, der Neuseeland-Dollar und der japanische Yen am meisten gehandelt, dennoch sind sie oft besser zu traden während der europäischen und amerikanischen Sessions. Der Grund ist ganz einfach. Laut der letzten Statistiken der BIS (Bank for International Settlements) vertreten die zwei größten Forex-Handelszentren der Welt, London und New York fast 60% des Handelsumsatzes. Während der Anteil von New York mit 18,9% in 2013 in den letzten 10 Jahren nahezu stabil blieb, konnte London bedeutend zulegen.

Während der Londoner Session wird 40.9 % der weltweiten Transaktionen im Währungshandel durchgeführt. Zum Vergleich: 2013 brachte es Singapour auf 5,7% , Tokyo auf 5,6%, und Hong Kong auf 4,1 %. Dies hat natürlich weitgehende Konsequenzen für Forex-Scalper. Es ist unstrittig, dass die Londoner Session die wichtigsten Handelsstunden im internationalen Währungshandel repräsentiert. Hier werden Sie als Trader die beste Liquidität vorfinden, und zwar in allen gehandelten Währungspaaren. Sie können in diesen Stunden also mit den besten Ausführungen und kleinsten Spreads rechnen, was natürlich für Scalper von außerordentlicher Wichtigkeit ist. Auch Slippage hält sich hier sehr in Grenzen, was von der asiatischen Session nicht immer gesagt werden kann.

Die Erfahrung zeigt aber auch, dass die Volatilität schon 1 Stunde vor dem London Open anzusteigen beginnt. Dies hat dann zu Folge, dass zum Beispiel Ausbruchsstrategien (Breakouts) zu dieser Zeit am besten gelingen. Auf Grund der erhöhten Volatilität am Anfang der US-Session sind auch hier Ausbruchsstrategien durchaus von Erfolg gekrönt. Achtung hier! Trends des europäischen Morgenhandels können hier entweder bestätigt (trendfolgend) oder abrupt gedreht werden (Reversals). Dies hängt dann oft auch mit den zu erwartenden Wirtschaftsdaten aus den USA zusammen (meist um 14.30 Uhr MEZ). Bild 4 zeigt aber auch, dass die Volatilität gegen Ende der Londoner Session (17.00 Uhr MEZ) abnimmt, um dann während des asiatischen Handels auf einem niedrigen Niveau zu bleiben. Dies hat aber auch Vorteile. Vor allem Trader, deren Strategien auf Rangemärkten basieren, sollten diese ruhigeren Zeiten bevorzugen. Die Wahrscheinlichkeit, dass Unterstützungen und Widerstände halten ist hier deutlich höher.

B. Für Index-Trader

Im Pre-Market (08:00 – 09:00 MEZ) werden in den Aktien-Index-Futures natürlich alle kursrelevante Nachrichten oder Informationen der vergangenen Nacht verarbeitet, was zu erhöhter Volatilität führen kann. Dies sind für Trader in Europa oft die „Vorgaben" aus Tokyo oder China, aber auch die Vorgaben der späten US-amerikanischen Märkte. Sind die Vorgaben „gut", starten europäische Indizes in der Regel im Plus. Bei negativen Vorgaben sind eher Minus-Zeichen zu erwarten. Das gilt im Prinzip für alle Aktienmärkte und deren Indizes und Futures. Der Pre-Market ist von daher nur wirklich erfahrenen Tradern zu empfehlen. Zugleich wird durch die Verarbeitung der neuen Informationen eine

Trendrichtung vorgegeben, die oft für den Rest des Tages beibehalten wird. Es kann von daher lukrativ sein, trendbestätigende Kursmuster zu handeln.

Oft tritt das Hoch oder Tief des Tages schon in der ersten Handelsstunde der Aktienmärkte (09:00 – 10:00 MEZ) auf, aber das ist längst nicht immer der Fall. An Trendtagen wird man immer neue Hochs oder Tiefs feststellen können. Die beste Zeit, europäische Indizes wie DAX, CAC40 oder den Eurostoxx50 zu traden, ist der Vormittagshandel. Ab 14.00 Uhr kommen die Amerikaner in den Markt und bringen eigene Impulse ein, die durchwegs die Trends des europäischen Vormittags umkehren können. Am Vormittag trade ich von daher lieber die europäischen Indizes und am Nachmittag die amerikanischen Indizes.

C. Für Öl-Trader

Öl-Futures werden fast rund um die Uhr gehandelt, aber der effektivste Weg, Öl zu traden ist, wenn man sich auf den sogenannten **Prime Time** konzentriert. Dies ist 8:50-10:30 EST (New York Zeit) oder von 14.50 Uhr bis 16.30 Uhr Europäische Zeit. In diesen anderthalb Stunden werden die besten Trading-Ergebnisse erzielt. Das haben statistische Auswertungen von Trader-Ergebnissen gezeigt. Entscheidend ist aber, dass der Trader die erste Minute des New York Open vermeidet. In dieser Minute öffnet der „Pit". Hier ist oft mit erratischen Bewegungen zu rechnen, zumal auch hier Pre-Market-Informationen und neue Orders verarbeitet werden müssen. Eine Ausnahme bildet oft der Mittwoch, wenn die Crude Inventories (Ölmarktbericht) veröffentlicht werden. Diese kommen um 16.30 Uhr Europäischer Zeit. Trader warten besser auf die Veröffentlichung. Die Stunde danach ist meistens besser zu traden.

4. Warum schnelles Scalping besser ist als wenige, überlegte Trades

Wir kommen jetzt zur Kernaussage dieses 4. Teils von Scalpen macht Spaß! Ich möchte hier auf die wichtigsten Gründe eingehen, weshalb Trader, die „alles richtig machen" dennoch scheitern. Plane den Trade und trade den Plan. Es klingt so einleuchtend und man ließt es in jedem zweiten Buch über Trading. Der Trader sollte seine Transaktionen sorgfältig vorbereiten nach eingehender Analyse des Charts. Es ist wie wenn man einer Fußballmannschaft den Rat geben würde: „Studiert erst über 90 Minuten das Verhalten des Gegners bevor ihr auf das Tor schießt." Weil es so überzeugend klingt und weil dieses Verfahren in vielen Berufen tatsächlich auch der bessere Weg ist wird diese Maxime aufs Trading übertragen. Selbstverständlich soll der Bau eines Hauses oder die Konstruktion eines neuen Autos nach rationalen Kriterien und in einem sorgfältig vorbereiteten Plan durchgeführt werden.

Der falsche Rückschluss auf das Trading geschieht, weil viele der Ansicht sind, dass man eine Börsenstrategie entwerfen sollte wie man eine Maschine konstruiert. Das Problem ist nur, dass die Materie „Börse" sich oft leider nicht so verhält wie die Einzelteile einer Maschine. Wenn Sie die Gesetze der Mechanik kennen, können Sie Metallteile so verbiegen oder zersägen wie Sie es für Ihr Werkstück brauchen. Sobald wir aber das Terrain „Börse" betreten, befinden wir uns in einer Welt, die nicht mehr beherrschbar oder kontrollierbar ist. Stellen Sie sich vor, Sie würden in einer Stadt leben, wo sich Straßen, Plätze, Häuser und Bäume nicht wie gestern am selben Ort befänden, so dass Sie sich nach einiger Eingewöhnung schnell orientieren könnten.

Sie stehen jeden Morgen auf und die Straße, in der Sie wohnen, hat sich über Nacht vollkommen verändert, die Kreuzung gibt es nicht mehr, wo Sie sonst immer rechts abbiegen. Und alle anderen Straßen, Gebäude, Tankstellen, Einkaufszentren befinden sich jeden Morgen an einem anderen Ort, den sie erst noch finden müssten. Eine surreale Vorstellung? Aber so ist es wirklich, wenn Sie die Börsenwelt betreten. Es ist aus rationaler Sicht eine vollkommen irrwitzige Welt, die scheinbar ohne Regeln und Gesetze existiert. Ihre Erfahrung und Ihr Wissen von gestern nützen Ihnen heute nichts, weswegen so etwas wie Technische Analyse nur sehr bedingt brauchbar ist.

Profunde Kenner der Technischen Analyse wissen auch zu berichten, dass die bekannten Muster wie Fortsetzungsformationen oder Umkehrmuster in vielen Fällen kaum noch funktionieren. Warum? Alle kennen sie mittlerweile. Sie haben also keinen Vorteil mehr, wenn Sie ein bestimmtes Muster auf einem Chart zu erkennen glauben. Oft geschieht das glatte Gegenteil. Das Gleiche gilt für den restlichen Teil des verfügbaren Instrumentariums der Technischen Analyse wie Indikatoren oder Oszillatoren oder was das Ingenieurs-Gehirn sonst noch für Schönes erfunden hat. Die Darstellung und Funktionsweise dieser Instrumente basieren, ohne Ausnahme, auf Daten der Vergangenheit. Sie sagen also nichts aus über das aktuelle Geschehen am Markt und schon gar nichts über das künftige Geschehen.

Die ganze Analyse und deren „Bestätigung" der Indikatoren ist im Grunde nur dazu da um das Bedürfnis nach Sicherheit der menschlichen Psyche nachzukommen. Damit ist nichts Böses gemeint, es hilft Ihnen leider nicht weiter. Die Unsicherheit bleibt, weil Unsicherheit nun mal das Wesen der Börse ist. Und dieses ganze Instrumentarium ist im Grunde nur dafür da, um Entries zu bestimmen. Es geht immer nur um dieses Eine: Entries, Entries, und Entries. Das ist auch die häufigste Frage, die ich zu hören bekomme: „Lieber Heikin Ashi Trader, sagen Sie mir nun doch endlich, wo ich einsteigen muss." Der Punkt ist: Ich weiß es doch auch nicht. Auch ich kann die Zukunft nicht vorhersagen, denn schließlich ist das die eigentliche Frage, die gestellt wird. Die ganze Börsenindustrie befriedigt im Übrigen die Beantwortung dieser Frage. Und sie tut es in einer fast genialen Weise und verdient prächtig daran.

Wenn ich also weiß, dass niemand und kein System oder keine Analyse mir behilflich sein kann bei der Entscheidung, ob ich etwas kaufen oder verkaufen soll, welches Kriterium sollte ich denn handhaben? Meine Antwort darauf lautet: Versuchen Sie eher ein experimentelles Verhältnis zum

Börsengeschehen zu entwickeln. Und seien Sie bereit zu jeder Zeit Ihre Entscheidung zu revidieren (die Position zu schließen oder gar das Gegenteil zu tun, von dem, was Sie gerade noch gedacht haben (die Position umkehren)).

Ich weiß, dass diese Art von „Flexibilität" vielen Menschen Angst bereitet und deswegen von vornherein daran hindert, überhaupt einen Trade an der Börse zu tun. Versuchen Sie Ihren Börsenhandel so zu betreiben als würden Sie tatsächlich aus einem Flugzeug steigen und in einer Ihnen vollkommen fremden Stadt herumspazieren. Gehen Sie da nicht mit einem neugierigen Blick herum? Wollen Sie nicht wissen, was diese Stadt Ihnen an Schönheiten oder vielleicht auch Überraschungen zu bieten hat?

Ich weiß es wirklich nicht, ob mir der nächste Trade einen Gewinn oder einen Verlust bringen wird. Ich kann es nur versuchen. Und das ist nun wirklich der Unterschied zwischen der Ingenieurskunst und dem Börsenhandel.

Beim Börsenhandel bleiben Sie immer ein Dilettant, egal wie viele Jahrzehnte „Erfahrung" Sie haben, sorry.

Die Erfahrung im Trading bezieht sich vielmehr auf den Umgang mit dem Stop-Management. Ein guter Trader hat eine Art inneren Schutzmechanismus entwickelt, der ihn vor allzu großen Verlusten schützt. Durch die ständige Wiederholung und Übung beim Stop-Management sind in seinem Gehirn komplexe Muster entstanden. Es sind Serien von ineinandergreifenden Neuronen, die Träger einer bestimmten Gewohnheit sind. Diese Gewohnheiten machen nun genau den Unterschied zwischen einem erfahrenen und einem unerfahrenen Trader aus. Es geht nicht um das Wissen, um Entries, und schon gar nicht um irgendein Geheimwissen, das die Kurse vorhersagen könnte.

Diese neuen Gewohnheiten müssen erst eingeübt werden. Die Erfahrung zeigt, dass es viel Zeit und viel Wiederholung braucht bis sich diese Muster gebildet haben. Der Space Shuttle der NASA verbraucht bekanntlich in den ersten Minuten nach dem Start mehr Brennstoff als während dem Rest des gesamten Fluges. Warum ist dies so? Der Space Shuttle muss am Anfang die meiste Energie aufbringen, um sich von der Schwerkraft oder Anziehungskraft der Erde zu lösen. Einmal im All und frei von der Anziehungskraft der Erde kann der Shuttle Momentum aufnehmen und gleichsam ohen Widerstand fliegen.

Das ist genau die Schwierigkeit vor der ein Beginner an der Börse steht. Er muss zuerst enorme Energie aufbringen, um sich eine kleine Anzahl von guten Gewohnheiten anzueignen. Er muss gleichsam eine Menge Zeit und Energie investieren, um sich von der Schwerkraft der menschlichen Natur zu lösen, damit er sich im Kosmos der Börse frei und souverän bewegen kann. Das ist der Grund weshalb ich Schnelligkeit wichtiger finde als Perfektion. Steigen Sie frohgemut ein und führen regelmäßige Trades durch, dann lernt Ihr Gehirn auch so schnell zu denken und zu reagieren wie das

Börsengeschehen. Wenn Sie als Scalper einmal Momentum aufgenommen haben sind sie kaum noch zu stoppen.

Deswegen sollten Sie sich auch auf die Zeiten konzentrieren, in denen die Volatilität am höchsten ist. In der Regel ist dies nach wichtigen Wirtschaftsnachrichten und während den Hauptzeiten des Handels. Die Chance, dass Sie zu diesen Zeiten „Flow" generieren ist viel höher als zu den Off-Zeiten. Flow ist eine Folge von Handlungen, die Sie mit der nötigen Disziplin und Freude am Tun vollziehen. Trading-Erfolg folgt aus der Leichtigkeit des Tuns. Deswegen ist es so wichtig, dass Sie nur zu den Zeiten scalpen, in denen die Bewegungen klar und eindeutig sind. Der Spaß stellt sich irgendwann von alleine ein und in Folge dessen auch der Erfolg.

Meine Erfolgsformel lautet von daher: **Flow – Spaß – Erfolg!**

Laut dem Erfinder des Begriffs „Flow", dem amerikanischen Psychologen Mihály

Csíkszentmihályi, bedingt das Eintreten von Flow-Gefühlen klare Zielsetzungen, eine volle Konzentration auf das Tun, das Gefühl der Kontrolle der Tätigkeit, den Einklang von Anforderung und Fähigkeit jenseits von Angst oder Langeweile in scheinbarer Mühelosigkeit. Er betont, dass es wichtig ist, dass die Tätigkeit spielerisch von statten geht. Der Mensch im Flow macht seine Tätigkeit kreativ und gestalterisch. Entscheidend ist aber auch, dass er die Erwartung eines Erfolges loslassen kann. Er soll frei sein von Angst und Sorge. Genau dies geschieht bei einem Scalper, der konzentriert seinen Markt scalpt. Er rechnet nicht, er ist frei von Angst und handelt unabhängig von Gewinn und Verlust. Er tut es schnell, konzentriert und ohne vorgefasste Meinung in welche Richtung es gehen wird in den nächsten Sekunden oder Minuten.

Flow ist von daher eher ein Zustand und keine Technik. Damit Sie Flow erleben können, müssen erst alle Ablenkungen beseitigt sein. Dazu gehören also auch aufwendige Analysen und das Grübeln über den Markt. Ein Trader im Flow ist also völlig bei der Sache, als gäbe es nur das. Deswegen hat auch derjenige der im Flow ist das Gefühl, dass er alles um sich herum vergisst und dass alles um ihn herum „verschwindet". Im Flow verschwindet oder verrennt auch die Zeit. Flow beschränkt sich nicht nur auf das Traden. Es kann im Prinzip bei jeder Art von Tätigkeit, und sei sie noch so einfach, auftreten. Viele Sportler kennen diesen Zustand gut. Ski-Fahrer, Segler, aber auch Fußballer und Tennis-Spieler wissen von dieser Erfahrung zu berichten.

Ganz nah am Trading dran sind auch die (mittlerweile professionellen) Spieler von erfolgreichen Computerspielen. Auch diese berichten von Flow-Erlebnissen, indem sie den Spieler vor rasch aufeinanderfolgende Aufgaben stellen, die ihn zwar herausfordern, die er aber mit hoher Wahrscheinlichkeit erfolgreich lösen kann. Auch alle künstlerischen Tätigkeiten sind ohne Flow kaum denkbar. Musiker kennen dies natürlich, aber auch Maler und Bildhauer. Und vermutlich der deutlichste Ausdruck von Flow ist bei einem tanzenden Paar zu beobachten, das scheinbar mühelos zu den Klängen der Musik über das Parkett schwebt. Für den Scalper bedeutet dies aber keineswegs, dass er den Respekt vor dem Markt verliert. Ganz im Gegenteil. Scalper gehören zu der Kategorie von Tradern, die womöglich den größten Respekt vor dem Markt entwickelt haben, weil sie wissen: Es kann zu jederzeit alles geschehen im Markt. Und im Flow zu sein, bedeutet, dass der Scalper in der Lage ist, adäquat zu reagieren.

5. Disziplin ist leichter im Flow

Es ist leider wahr: Trading widerspricht ganz der menschlichen Natur. Es widerläuft völlig dem, was wir uns im Laufe des Lebens angelernt haben. Angefangen vom „recht haben wollen und müssen!" bis zum Umschalten in den Hoffnungsmodus, sobald eine Position ins Minus gelaufen ist. Der Markt könnte ja drehen! Je mehr Zeit sich ein Trader gönnt, um zu überlegen, was er mit einer Verlustposition anfangen soll, desto eher übernimmt das Grübeln und Überlegen die überhand. Die Folgen sind meistens äußerst nefast für das Konto. Sobald also der „Kopf" die Herrschaft beim Traden übernimmt, taucht ein widerspenstiges Teufelchen auf, das partout Verlustpositionen nicht schließen will. Argumente findet man natürlich immer. Hier einige klassische Beispiele:

„Am Widerstand könnte der Kurs wieder drehen."

„Er muss nur noch bis zum Support 2 und dann fängt er wieder an zu steigen."

„So weit kann der Kurs unmöglich steigen, er hat schon zweimal die normale ATR abgelegt."

„Solche übertriebene Kurssteigerungen werden immer korrigiert."

„Der Markt überreagiert gerade. Das ist nur noch eine Frage der Zeit bis er zurückkommt."

„Er hat in der Vergangenheit immer gedreht an diesem Level. Es kann nicht mehr lange dauern, denn der RSI ist im völlig übergekauften Bereich."

„Nach meinen Berechnungen hat er die Fibonacci-Extension völlig ausgeschöpft."

Sie sehen, es gehen dem Trader die Argumente nicht aus, weswegen etwas anders sein müsste als es tatsächlich ist. Die Weigerung, Tatsachen anzuerkennen, ist geradezu typisch für die Trader, die „nur überlegte Trades am Markt durchführen" oder „nur auf Basis von glasklaren Setups handeln." Dass es all das nicht gibt und pure Einbildungen des Traderhirns sind, will dieser Typus einfach nicht eingestehen. Dass „der Markt" ein chaotisches und völlig unvorhersehbares Gebilde ist, das jederzeit die Richtung um 180 Grad drehen kann, wird wissentlich übersehen. Man will dieses Monster in den Griff bekommen und ihm mit aller Kraft sein Geheimnis entreißen.

Man übersieht, dass man dabei mit einem völlig ungeeigneten Instrument etwas in den Griff bekommen will: den rational denkenden, auf Basis von logischen Schlussfolgerungen argumentierenden Teil unseres Gehirns. Wie bereits gesagt ist dieser Teil genau richtig, wenn es darum geht eine neue Maschine zu konstruieren, eine Software zu entwickeln, oder ein Haus zu bauen. Das wird niemand ernsthaft bezweifeln wollen. Wenn es darum geht ein chaotisches Gebilde wie einen Forex-Markt oder einen Aktienindex zu traden versagt dieser Teil des menschlichen Verstandes völlig. Es ist nur logisch, dass der rationale Verstand auch hier nach „Gesetzmäßigkeiten" auf der Suche ist, nach wiederkehrenden Mustern, die „handelbar" sind und eine „hohe statistische Wahrscheinlichkeit des Gelingens aufweisen." Und die technische Analyse, die unter den Privatanlegern in den letzten 20 Jahren eine starke Verbreitung gefunden hat, bedient dieses Bedürfnis natürlich perfekt. Davor war es die Fundamentalanalyse, die zu Kauf- oder Verkaufs-Entscheidungen angeregt hat. Jetzt verweist das Traderherz auf die Charttechnik als dasjenige

Instrument, mit dem man die Märkte „lesen" und „interpretieren" kann.

Ich will hier die Verdienste der Charttechnik nicht kleinreden. Auch ich habe Jahre auf Basis der Charttechnik gehandelt. Geld habe ich damit keines verdient. Derjenige aber, der das Wagnis eingeht, fröhlich und unbeschwert die Wellen zu reiten, so wie sie ihm der Chart vor seinen Augen zeichnet, hat zumindest die Chance, dass er hin und wieder adäquat auf das Marktgeschehen reagiert. Denn das ist es, was Trading letztlich ist: Reagieren auf das, was der Markt mir jetzt in diesem Augenblick zu sagen hat. An guten Tagen kann ein solcher Trader tatsächlich in eine Art „Flow" hineingeraten, in dem er zumindest zeitweise den Eindruck haben kann „im Einklang mit dem Markt" zu handeln.

Diese Methode, die ich seit Jahren praktiziere, ist sicher nicht fehlbar. Auch hier gibt es Verlusttage oder Marktphasen, in denen sie nicht gut funktioniert. Dennoch kann diese Scalping-Methode mit zunehmender Praxis und Erfahrung dem Trader viel Freude und auch viel Gewinn bringen. Und, wie schon öfter gesagt, wenn es keinen Spaß macht, sollte man eben aufhören mit Scalpen. Man sollte tatsächlich diese hochintensiven Marktphasen (meistens nach der Veröffentlichung von wichtigen Marktdaten) aufsuchen und sie mit Mut oder Chuzpe versuchen zu scalpen. Es waren genau die schnellen Bewegungen, die klare Verkaufs- und Kaufswellen produzierten, in denen ich die meisten Gewinne gemacht habe. Mein persönlicher Rekord sind 28 Gewinner nacheinander. Wenn dann die ersten Verluste auftauchen, ist dies oft ein erstes Warnzeichen, dass entweder ich müde werde, oder der Markt. Es kann eine vorübergehende Abschwächung des Momentums sein. Es könnte auch sein, dass die Dynamik einfach abnimmt und die Marktbewegungen nicht mehr so gut handelbar sind. Hier sollte man am besten eine Pause einlegen oder sogar ganz aufhören für den Tag.

Fakt ist aber, dass die vorher genannten Disziplin-Probleme beim schnellen und dynamischen Scalpen viel weniger auftreten als bei den „überlegten" Trades. Ein Trader, der voll im Flow ist, weiß im Augenblick was zu tun ist, wenn es plötzlich gegen ihn geht. Er schließt die Position ohne Widerrede, egal ob im Gewinn oder Verlust. Er handelt entschlossen und ohne zu zögern. Schnelles Scalpen fördert das schnelle Schließen von Verlustposition und auch das schnelle Mitnehmen von aufgelaufenen Gewinnen, was genauso wichtig ist. Meine Erfahrung ist, dass die zwei Grundprobleme des Tradings - Angst und Gier – hier besser kontrollierbar sind. Der Trader hat bei dieser Methode schlicht keine Zeit groß zu überlegen.

Deswegen empfehle ich bei dieser Methode das Traden mit Ein-Klick-Ordern. Wenn sie noch eine Ordermaske aufmachen und eine Zahl eingeben müssen, während der Markt von Sekunde zu Sekunde gegen Sie läuft, verlieren Sie wichtige Punkte oder Pips. Wenn Sie mit Ein-Klick-Ordern arbeiten, sind

Sie eben mit einem Klick der Maustaste aus dem Markt und das sollten Sie auch wenn Sie auf der falschen Seite stehen.

6. Warnzeichen und Kontrollinstrumente

Jetzt wo Sie wissen wie Sie scalpen können und vor allem wann, bleibt Ihnen „lediglich" die Aufgabe es zu tun. Leicht gesagt, denn was einfach zu tun ist, ist bekanntlich auch einfach nicht zu tun. Das ganze Potenzial des Tradings und Scalpings liegt wahrlich nicht in der Komplexität der Aufgabe. Die Magie liegt in der täglichen Wiederholung dieser Aufgabe. Wie ich im dritten Buch dieser Reihe „Wie bewerte ich meine Trading-Ergebnisse?" anhand der Trading-Resultate einer einzigen Traderin gezeigt habe, zeigt sich das volle Potenzial eines Scalpers erst nach und nach. Es ist die tägliche Routine, die Sie irgendwann zum Meister Ihres Faches werden lässt. Dazu gehört auch, dass Sie lernen auf gewisse Warnzeichen des Marktes zu hören, die Ihnen sagen, wann Sie aufhören müssen.

Scalpen im Forex kann man im Prinzip rund um die Uhr, aber ich hoffe dieses Buch hat Ihnen gezeigt, dass es gewisse Stunden gibt, in denen dies viel besser gelingt als in anderen. Wenn Sie statt in schnellen, dynamischen Märkten in langweiligen und langsamen Märkten scalpen, werden auch Sie langsamer werden und Ihre Trades werden Zeit brauchen, bis Sie ihre Kursziele erreichen. Dagegen ist zunächst nichts einzuwenden. Sie müssen nur wissen, dass eine andere Gehirn-Aktivität einsetzt, sobald Sie auf ihre Ergebnisse warten müssen. Sie werden abgelenkt sein und nicht mehr konzentriert Ihre Trades verfolgen wie Sie es sollten. Deswegen ist eine plötzlich auftretende Verlangsamung meistens ein klares Zeichen, dass Sie mit dem Scalpen aufhören sollten.

Das andere Extrem gibt es auch. Es passiert gottseidank selten, aber es gab in den vergangenen 15 Jahren Zeiten, in denen die Volatilität dermaßen verrückte Dimensionen annahm, dass an vernünftiges Traden oder Scalpen nicht mehr zu denken war. Ich habe den EUR/USD zu Zeiten der Euro-Krise 2011 manchmal 50 Pips innerhalb einer Sekunde abstürzen sehen. Es ist klar, dass Sie es in solchen Märkten schwer haben werden, ihr Risikomanagement konsequent durchzuführen. Hören Sie auf zu scalpen, wenn Sie solche verrückten Bewegungen sehen. Und wenn Sie es nicht lassen können, tun sie es mit einem Bruchteil Ihrer üblichen Positionsgröße.

Das beste und wichtigste Kontrollinstrument für Ihr Trading-Business ist Ihr Konto. Nichts gibt Ihnen ein besseres Feedback als Ihr Kontostand. Er ist gnadenlos und lügt Ihnen nichts vor. Ihr Konto sagt Ihnen unverhohlen, ob Ihre Arbeit erfolgreich ist oder nicht. Deswegen sage ich: Ein Trader tradet nicht den Markt, er tradet sein Konto.Sie werden diese Aussage vielleicht absurd finden, weil Sie denken, dass Traden etwas mit Charts und Strategien zu tun hat. Das hat es sicher auch, aber es gibt kein wichtigeres Kontrollinstrument in Ihrem Business als die Kapitalkurve, also der Verlauf Ihres Kontostandes von Stunde zu Stunde und von Tag zu Tag. Studieren Sie diese Kurve, Ihren Verlauf, die Größe der Drawdowns und wie lange Sie brauchen, um diese Drawdowns wieder aufzuholen. Ein besseres Feedback kann es nicht geben.

Das gilt natürlich auch intraday. Wenn Sie nach 20 Trades, bei denen Sie einen ordentlichen Gewinn erzielt haben, plötzlich feststellen, dass vermehrt Verlierer auftreten, sollten Sie zumindest eine Pause machen, wenn nicht ganz aufhören. Stehen Sie auf, gehen Sie an die frische Luft und überlegen Sie, ob der Markt es wert ist, dass Sie ihm Ihre kostbare Zeit widmen. Sollten Sie feststellen, dass die Kursbewegungen wieder Ihre Kriterien für's Scalpen erfüllen, können sie fortfahren. Sollten Sie aber feststellen, dass der Markt langsam geworden ist, nur noch seitwärts geht oder unschlüssige Bewegungen macht, die schwer zu traden sind, hören Sie besser auf. Womöglich haben Sie die beste Phase des Tages hinter sich. Morgen können Sie zurückkommen.

Was sich hier leicht niederschreibt, ist viel schwerer durchzuführen in der Praxis. Ich weiß, dass manche Trader vom Marktgeschehen geradezu besessen sind und einfach nicht aufhören können trotz eindeutiger Warnzeichen. Sie traden einfach weiter, weil sie es nicht lassen können. Sie ignorieren alle Warnzeichen. Die Folgen können Sie sich ausmalen. Es passiert nicht selten, dass diese Trader alle aufgelaufenen Gewinne wieder abgeben und sogar noch Verluste produzieren. Ich kann es nicht oft genug wiederholen. Erfolgreiche Trader wissen vor allem, wann Sie NICHT traden sollten. Womöglich ist dies die wichtigste Trading-Regel überhaupt.

Selbstverständlich wissen Sie dies als Anfänger nicht. Sie haben noch nicht gelernt, zu unterscheiden zwischen guten Märkten (für Ihre Strategie) und schlechten Märkten. Aber es ist Teil Ihrer Ausbildung. Sie müssen es lernen, wenn sie jemals erfolgreich sein wollen mit Trading. Wenn Sie nicht aufhören können, reduzieren Sie zumindest Ihre Positionsgröße, wenn es nicht gut läuft. Dann ist der Schaden, den Sie an Ihrem Konto ausrichten, beschränkt.

Meine längste Verlustreihe im Scalping waren 15 Verlusttrades. Sie lesen richtig: fünfzehn Verlierer nacheinander ohne einen einzigen Gewinn-Trade dazwischen. Sie denken vielleicht, dass ist statistisch nicht möglich. Doch, es ist möglich, ich habe es gemacht.

Es ist genauso möglich wie die oben erwähnte Reihe von 28 Gewinn-Trades nacheinander mit meiner Scalping-Methode. Zugegeben der Markt war extrem gut an diesem Tag. Die Wellen im Heikin Ashi-Chart waren im 1-Minuten-Chart so klar und einfach zu erkennen, sodass jeder Trade ein Treffer war. Nach dem 29. Trade (der natürlich ein Verlierer war) habe ich aufgehört. Ich habe sogar den PC ausgeschaltet, weil ich instinktiv gespürt habe: "Jetzt kannst du es nur noch selber versauen."

Leider war ich nicht immer so weise. Ich habe allzu oft gegen meine eigene Regel verstoßen, aufzuhören, sobald ich anfange zu verlieren. Das heißt aber noch lange nicht, dass die Regel nicht gültig ist. Wir sind und bleiben Menschen. Wir machen Fehler und werden in Zukunft Fehler machen. Machen Sie sich also nicht verrückt, wenn Sie mal gegen Ihre eigenen Regeln verstoßen haben. Sie werden es tun und sie werden es wiederholen. Nichts ist beim Trading in Stein gemeißelt. Dennoch sind die Warnzeichen für einen Trader überlebenswichtig, wenn Sie dieses Business erfolgreich aufbauen und vielleicht eines Tages auch davon leben wollen. Wenn Sie die Warnzeichen, die Ihnen der Markt und Ihr Konto geben, respektieren lernen, werden Sie garantiert ein besserer Trader werden mit der Zeit. Und das wird sich auf Ihren Kontostand niederschlagen.

7. Seien Sie aggressiv, wenn Sie gewinnen und defensiv, wenn Sie verlieren

Wir haben jetzt wichtige Erfolgsfaktoren zusammengetragen. Wir wissen jetzt, wann wir scalpen sollten und vor allem wann nicht. Wir haben festgestellt, dass die nötige Disziplin leichter zu erreichen ist bei lebhaften und schnellen Märkten als in langweiligen Seitwärtsmärkten. Schließlich haben wir wichtige Warnzeichen und Kontrollinstrumente wie Drawdowns und plötzlich auftretende Verluste kennen gelernt. Es bleibt jetzt noch, den wichtigsten Erfolgsfaktor überhaupt anzusprechen: die aktive Steuerung der Positionsgröße.

Trader haben im Grunde drei Freiheiten: Sie müssen entscheiden, **was** sie kaufen (das ist das Feld der Fundamentalanalyse). Sie müssen entscheiden **wann** sie kaufen (das ist das Feld der Technischen Analyse). Schließlich müssen sie entscheiden **wieviel** sie kaufen (das ist das Feld des aktiven Moneymanagements). In meinen Augen sollte das **Wieviel** beim Scalping nicht anhängig sein von irgendeinem zufällig gewählten Positionsgrößen-Algorithmus. Feste Regeln wie „riskiere nie mehr als 1% deines Kapitals pro Transaktion" sind sicher nützlich, wenn man am Anfang steht. Es geht erst mal darum, überhaupt irgendeine Risikomanagement-Regel zu haben. Dies kann aber auf Dauer hinderlich sein, wenn man wirklich ein dynamisches Positionsmanagement betreiben möchte.

Und dieses hat viel zu tun mit dem bisher Gesagten. Beherrscht ein Scalper einmal das richtige Timing und weiß er auch, wann er aufhören soll zu scalpen, dann kann er damit beginnen, seine Positionsgrößen den Marktbegebenheiten anzupassen. Der Scalper kann dann mit größeren Positionen in den Markt gehen, wenn es gut läuft und die Positionen verkleinern, wenn es nicht gut läuft. Was leicht klingt ist in der Praxis nicht einfach umzusetzen. Was tun, wenn Sie gerade gut sind und statt mit den üblichen zwei Lots nun schon mit 5 Lots im Forex scalpen. Und plötzlich produzieren Sie zwei Verlierer? Sollten Sie weiter scalpen mit 5 Lots? Ich bin immer darum bemüht, dass in komplexen Entscheidungsprozessen möglichst einfache und klare Regeln aufgestellt werden sollten. Beim Scalpen haben Sie einfach nicht die Zeit, sich groß Gedanken über Ihr Moneymanagement zu machen. Also auch hier: Keep it simple! Produzieren Sie zwei Verlust-Trades nacheinander, sollten Sie die Positionsgröße halbieren. Wenn Sie also mit 5 Lots gescalpt haben bedeutet dies, dass Sie nun mehr mit 2 Lots scalpen bis Sie wieder erfolgreich sind.

Im Übrigen sind 2 Verlust-Trades nacheinander auch eine Art Warnzeichen. Wenn Sie viel scalpen, sind zwei Verlust-Trades natürlich nicht unüblich. Dennoch ist es ein Zeichen, dass Ihr System momentan nicht so gut mit dem Marktgeschehen harmoniert. Seien Sie also eher defensiv in dieser Situation. Haben Sie gerade 7 Gewinn-Trades nacheinander realisiert, ist dies doch wohl ein Zeichen, dass es gerade gut läuft und Ihre Methode gut mit dem aktuellen Markt übereinstimmt. Hier können Sie aggressiver werden und mit größeren Positionen scalpen. Gute Scalper wissen, wann es Zeit ist, den Turbo des Positionsmanagements einzuschalten und wann nicht. Es gibt Tage, an denen Sie an der Börse 10.000 Euro und mehr machen können. Und es gibt Tage, an denen Sie zufrieden sein können mit 250 Euro Gewinn.

Das Ziel dieses E-Books ist es, Sie für die großen Börsentage zu sensibilisieren. In meinen Augen liegt hier eines der wahren Trader-Geheimnisse. Gute Trader wissen, wann der Braten serviert wird. Sie wissen also auch, wann es sich meistens nicht lohnt, zu Tische zu gehen. Und die ganz Erfahrenen haben gelernt nur noch an den Festtagen zu erscheinen und sonst „to sit on their hands". Das ist sicher ganz schwierig und verlangt eine Menge Disziplin. Dennoch lohnt es sich. Sie werden irgendwann merken, dass die Ergebnisse des Börsentradings asymmetrisch auftreten. Die Gewinne sind nun mal nicht gleichmäßig über 20 Handelstage pro Monat verteilt.

Leider habe ich dies selber viel zu spät begriffen. Ich habe Trading immer als eine Art Bürojob verstanden und betrieben als etwas, was man täglich diszipliniert macht. Aber so funktioniert es nicht. Wenn Sie Trading und Scalping auf dieser Weise betreiben, wird das Ergebnis bestenfalls mittelmäßig sein (so wie in fast allen Bürojobs...). Die ganze Kunst besteht nun darin, ihr Wissen über die Börsen-Festtage (oder -Stunden) auch tatsächlich einzusetzen. Schaffen Sie es, nur dann Ihr Geld zu riskieren, wenn es sich auch wirklich lohnt und dann auch richtig zu klotzen, nicht zu kleckern, ist die Chance, dass Sie zu den 5 % Gewinnern an der Börse gehören werden, sehr groß.

Übergeordnet kann die Positionsgröße auch abhängig sein von Ihrem momentanen psychischen Befinden. Sind Sie in den letzten Tagen vielleicht nicht so gut drauf, laufen etwas launig durch die Gegend, dann sollten Sie ihre schlechte Laune nicht auch noch durch ein aggressives Vorgehen an der Börse versuchen auszugleichen. Ich weiß, dass diese Verlockung besteht, aber es ist nicht gerade ein Zeichen von Professionalität, wenn Sie Ihren aktuellen Zustand im Privatleben durch einen aggressiven Stil versuchen zu kompensieren. Meistens geht dies nicht gut aus. Ein guter Scalper ist also zugleich <u>ein guter Seismograph seiner selbst</u>. Er weiß genau, wann er aktiver werden sollte und auch mit größeren Positionen im Markt agieren kann. Und er weiß auch intuitiv, wann dies nicht der Fall ist. Liegt er mit seiner Einschätzung mal daneben, dann wird ihm sein Kontostand schnell eines Besseren belehren. Jeder hat auch natürliche Grenzen. Es gibt Trader, die schon ein Gefühl von Gefahr und Überforderung erleben, wenn Sie mehr als 1 Standard Lot handeln. Ob Sie in der Lage sein werden, eines Tages diese Grenze zu überwinden, hängt von ihrer Fähigkeit ab, Ihre Komfortzone zu verlassen.

Ich kannte einen sehr guten Trader, der nie mehr als 2 Kontrakte im E-Mini und im Mini-Dow Future handeln konnte, obwohl er jahrzehntelange Erfahrung hatte und fast jeden Tag mit Gewinn aus dem Markt kam. Ich sagte ihm, er könnte doch viel mehr Kontrakte handeln und somit viel mehr Geld verdienen. Aber er wollte nicht. Zwei Kontrakte waren seine natürliche Grenze. Dieser Trader kannte seine eigene Komfortzone sehr gut und respektierte sie. Das Gegenteil gibt es leider auch. Es gibt nicht wenige Trader, die völlig überhebelt im Markt unterwegs sind. Manche, die ich kennen gelernt habe, riskierten mehr als 10 % ihres Trading-Kapitals pro Transaktion. Ich wusste, dass es nur eine Frage der Zeit war bis sie 10 Verlust-Trades nacheinander realisieren würden. Game over!

Traden und Scalpen kann für disziplinierte Individuen, die bei zunehmender Erfahrung ihre natürlichen Angstgrenzen überwinden, unglaublich lukrativ sein. Ich hoffe, dass ich mit diesem E-Book einige Impulse für diesen Erfolg geben konnte.

Ich wünsche Ihnen, lieber Leser, viel Erfolg mit Ihren Börsengeschäften.

Heikin Ashi Trader

Lieber Leser,

Wenn Ihnen dieses Buch gefallen hat, dann schreiben Sie doch eine nette Kundenrezension bei Amazon. Das hilft dem Buch sehr! Und wenn Sie Kritik haben, können Sie diese selbstverständlich auch äußern. Ich nehme jede begründete Kritik ernst und versuche hiermit, meine Bücher weiter zu verbessern. Niemand ist perfekt und man kann immer neue Dinge lernen. Ich bedanke mich jedenfalls bei Ihnen für den Kauf dieses Buches und wünsche Ihnen viel Erfolg bei Ihren Börsen-Geschäften.

Kennen Sie auch schon: „Wie starte ich mit 500 Euro ein Trading-Business?"

Viele Trader haben am Anfang nur wenig Geld für´s Traden zur Verfügung. Dies muss aber kein Hindernis sein, trotzdem eine Trader-Karriere ins Auge zu fassen.

Impressum

Texte: © Copyright by Heikin Ashi Trader

Wilhemshavener Strasse 66A

10551 Berlin

Germany

pdevaere@yahoo.de